INAUGURATION

DU CANAL MARITIME

DE

L'ISTHME DE SUEZ

NOTES DE VOYAGE

PAR

ALBERT BREITTMAYER

LYON, IMPRIMERIE H. STORCK.

INAUGURATION

DU CANAL MARITIME

DE

L'ISTHME DE SUEZ

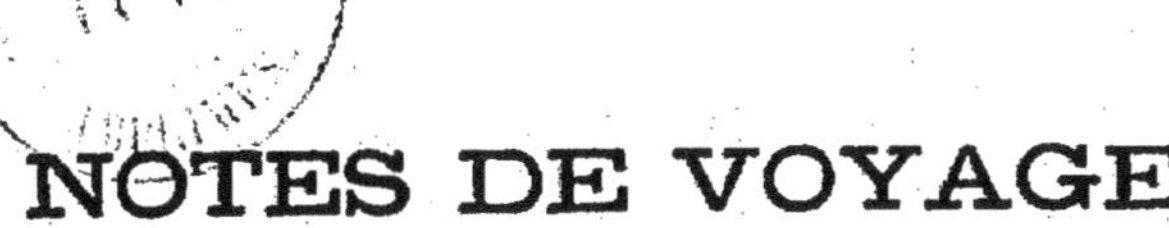

NOTES DE VOYAGE

PAR

ALBERT BREITTMAYER

LYON, IMPRIMERIE H. STORCK.

19 Novembre 1869.

Nous levons l'ancre à dix heures, par un beau temps. Le *Godavery*, qui nous emporte, est un des beaux navires des Messageries Impériales. Il est à hélice, avec machines de force moyenne, et de vastes cales à marchandises. Ses aménagements pour les passagers se prolongent de l'avant à l'arrière, laissant un promenoir autour de la section des machines et donnent ainsi, dans tout le bâtiment, un aérage convenable. Il va prendre un service auxiliaire dans les mers de Chine et, comme tel, est appelé, le premier de cette Compagnie, à passer le canal de Suez pour un voyage régulier.

En dépassant les îles du golfe, nous jetons un dernier regard sur Marseille qui, comme le dit si poétiquement M. Salvador dans son *Histoire des Echelles du Levant*, est assise en amphithéâtre et s'épanouit mollement au souffle des plus chaudes brises venues d'Athènes et de l'Ionie, ses sœurs (1).

Nous sommes au large. La machine a reçu quelques réparations avant son départ, et, comme cela arrive assez souvent, en pareil cas, le coussinet de l'hélice s'échauffe. Nous sommes forcés de stopper pour le dégripper, selon le langage du bord.

(1) On raconte, dit-il, que le peintre célèbre de cette merveilleuse collection de marines qui décorent tout un salon du Louvre, Joseph Vernet, quittant Avignon, sa patrie, pour se rendre en Italie, avec le modeste bagage d'un jeune touriste qui va chercher ses inspirations et nourrir son génie sur la terre classique, une fois arrivé vers les hauteurs de Marseille, qui se déchirent et s'entr'ouvrent soudain comme un rideau, fut tellement saisi de surprise en découvrant la plaine d'Arenc, ce golfe magnifique, ces superbes coteaux, cette mer luxuriante, qu'il quitta ses compagnons et dessina jusqu'au soir, oubliant, et le voyage et la voiture, et ses compagnons qui étaient dans les plus vives alarmes.

A la nuit, la mer devient plus houleuse, et chacun gagne sa cabine pour ne pas faire mauvaise contenance le premier jour au moins, et pour s'habituer à ce coucher d'un nouveau genre pour quelques-uns.

11 Novembre

Au jour, nous approchons des bouches de Bonifacio. A gauche se dressent les hautes cimes de la Corse et la ville de Bonifacio située sur une falaise qui reçoit les premières lueurs du soleil levant. Il vente fort et les coussinets de l'hélice continuant à frotter et à s'échauffer, le commandant cherche un abri pour stopper et démonter ces coussinets, et pouvoir ainsi, sans encombre, poursuivre notre route. Il espérait, nous dit-il, pouvoir aller jusque dans la baie de Naples où la réparation eut été plus facile, et où nous aurions pu jouir de la vue de ce splendide golfe; mais l'arrêt devenant de plus en plus urgent, il est forcé de s'arrêter dans un golfe abrité, formé par les îles de la Madeleine et de Caprera, au nord de la Sardaigne et au sortir des bouches, au pied même de la montagne de l'Orso, ainsi appelée parce que son sommet figure assez bien un ours renversé.

Quelques voyageurs essaient d'aller jusqu'à terre, mais sont fortement secoués par la vague. Force est de passer la journée à bord, en ayant pour horizon les montagnes sauvages qui nous entourent, presque sans trace humaine, si ce n'est, dans le lointain, une petite maison carrée, la demeure de Garibaldi.

La nuit venue nous pouvons repartir, et le navire gagne la passe par un clair de lune, dont les rayons argentés, en accentuant fortement le contour des cimes, glissent mollement sur les vagues.

12 Novembre

En mer, comme dit Lamartine, le ciel devient la grande et unique scène de contemplation; puis le regard retombe sur ce point imperceptible, noyé dans l'espace, sur cet étroit navire devenu l'univers entier pour ceux qu'il emporte.

13 Novembre.

Nous passons avant le jour dans les îles Lipari. Ce sont les îles Eoliennes des anciens, elles sont au nombre de douze. Elles paraissent toutes d'origine volcanique et produisent en abondance du vin et du coton; il s'y fait aussi un assez grand commerce de raisins secs. L'une d'elles est le Stromboli, du nom du volcan qui l'occupe, et dont le cône peu élevé apparaît au milieu de cet archipel. Connu déjà du temps d'Homère (qui semble l'indiquer dans un vers de l'*Odyssée*), il n'a cessé depuis de projeter des flammes et des pierres brûlantes (1).

Nous croisons le *Saïd* qui va en France et apercevons au loin devant nous, comme une muraille, les montagnes de la Sicile unies à celles de la Calabre; la coupure du détroit de Messine n'apparaît que lorsqu'on y est presque arrivé. Alors se montre le promontoire de Scylla sur la rive italienne, et en avançant peu à peu, on est entraîné de là par les courants de Charybde, qui vous conduisent sur la côte de Sicile et jusqu'au port de Messine. Le détroit de Messine se découvre alors dans toute sa beauté, et, à l'étroite passe par laquelle nous sommes entrés, succède une vaste étendue d'eau parsemée de voiles. La mer y paraît d'autant plus bleue qu'elle contraste avec la côte aride de la Calabre et celle verdoyante des environs de Messine.

Le navire fait du charbon dans ce port, et, profitant des quelques heures qu'il y reste, nous allons à terre, heureux comme l'on est toujours de s'y retrouver. La ville de Messine est fort ancienne, elle compte environ 80 mille habitants. Son port, très-vaste, est fermé par une simple jetée; il est bordé d'un quai qui va se perdre dans la campagne. La ville est située en amphithéâtre; la basse ville est fort bien bâtie et est séparée de la partie haute par une rue large et spacieuse.

(1) Humbold dit à ce sujet qu'il lui a semblé que l'activité des volcans était en raison inverse de leur hauteur, et qu'il ne faut donc pas s'étonner si le plus petit de tous, le Stromboli (Strongyle), est en pleine activité depuis le temps d'Homère, et sert encore aujourd'hui de phare aux navigateurs, tandis que des volcans six ou huit fois plus élevés paraissent condamnés à de longs intervalles d'inaction.

Elle possède quelques jolies places, beaucoup d'églises dont quelques-unes méritent d'être visitées. Mais, sans nul doute, la course la plus intéressante est de gravir les rues du haut de la ville et d'aller sur la terrasse d'un couvent, qui la domine, jouir du splendide panorama de cette mer pour ainsi dire intérieure, aux bords si variés et si pittoresques, dont les couleurs sont encore ravivées par le soleil de l'Italie.

En rentrant sur le navire, nous sommes assaillis par un nombre infini de marchands, c'est à qui nous propose des coraux, des statuettes, tous objets assez bien travaillés. Quelques statuettes même attirent l'attention des artistes.

On s'assure qu'il ne reste aucun retardataire et le navire reprend sa route. Nous commençons à apercevoir l'Etna et son superbe cône. Ce volcan a presque trois fois la hauteur du Vésuve. Toute la côte de Sicile se dessine depuis Messine jusqu'à Syracuse. Elle semble la base d'un immense triangle dont le sommet est formé par le point le plus élevé de l'Etna. Cette base est semée de petites villes, villages et, en s'élevant, l'œil plonge dans des vallons, sur des monts verdoyants se grimpant les uns au-dessus des autres jusqu'à ce sommet gigantesque, dont la plus ancienne éruption historique (1) a été citée par Pindare et par Eschyle.

La côte aride de la Calabre forme contraste : des montagnes dénudées, des torrents desséchés sur lesquels se détachent bon nombre de ponts qui ne servent que dans les temps de pluie ; au premier plan, un chemin de fer en construction qui longe la côte ; quelques petites villes, et enfin Reggio, la dernière des Calabres, la patrie de l'Arioste. Cette ville, très-célèbre dans l'antiquité, était une des plus considérables de la grande Grèce, elle a été presque complètement détruite par un tremblement de terre, en 1783. Ce fut dans ses murs aussi que Julie, fille d'Auguste, termina ses jours.

La mer se soulève de plus en plus, et, après le dîner, où bon nombre de passagers se tiennent tant bien que mal, les vagues tombent sur le pont, le navire roule fortement; cette rafale continue bien avant dans la nuit.

(1) Elle a eu lieu sous Hiéron, dans la 2e année de la 75e Olympiade.

14 Novembre.

Nous n'apercevons plus de côtes. Nous sommes par le travers de l'Adriatique, au méridien de Navarin; c'est l'endroit où d'ordinaire le vent descendant de cette mer a le plus de prise. Mais nous l'avons ressenti hier un peu plus à l'ouest, et aujourd'hui le temps est redevenu plus calme. La soirée est magnifique. Dans le lointain, avec beaucoup de peine on aperçoit le double sommet du Taygète, d'où l'on extrayait le marbre noir et le porphyre vert. Il indique presque l'emplacement de l'ancienne Sparte (1).

15 Novembre.

Au jour, nous passons entre Candie et la petite île de Gozo, au nord de laquelle on aperçoit Gozo-Poulo. Il pleut un peu. Candie, du côté du sud, est très-escarpée et offre un rivage formé de rochers avec très-peu d'ancrages. Ses montagnes sont très-élevées; l'Ida des anciens en occupe le centre. Sa population, qui était autrefois considérable, est réduite aujourd'hui à 200 mille habitants (2).

16 Novembre.

Nous sommes en pleine mer. L'eau et le ciel. Le soir, peu de personnes se couchent, nous approchons de Port-Saïd et tout le monde veut voir le premier la terre africaine. Le temps est couvert. Dans la nuit, nous croisons deux noirs fantômes aux formes bizarres, ce sont deux navires blindés que nous ne pouvons reconnaître.

17 novembre.

Au jour nous apercevons le beau phare électrique de

(1) Il se trouve en tête du cap Matapan, entre le golfe de Coron et celui de Kolokythie, au fond duquel coule l'Eurotas ancien.

(2) Cette île, qu'a possédée Mehemet-Ali en vertu du traité de 1833, est retournée en 1840 sous la domination turque.

Port-Saïd allumé aujourd'hui pour la première fois. Une escadre anglaise de six navires cuirassés est en rade. A six heures un coup de canon se fait entendre et, avec la lunette, nous voyons dans le port une véritable forêt de mâts pavoisés. Nous demandons vainement un pilote, mais il ne vient pas; nous sommes, par suite de notre arrêt forcé vers Caprera, dans les retardataires. Le navire avance doucement et, sondant à babord et tribord, entre sans encombre dans le port; nous avançons toujours, nous dépassons les navires et nous nous trouvons presque derrière le yacht impérial l'*Aigle* qui va entrer dans le canal; l'entrée du canal est marquée, au fond du port, par deux grands obélisques en planches de couleur granit, à cent mètres l'un de l'autre, qui se dessinent seuls sur le ciel d'Égypte, au-dessus d'un vaste horizon formé d'eau et de sable.

On vient nous dire que notre navire ne peut pas pas passer, qu'il cale trop, qu'il y a 5 mètres au plus à El-Guirs et au Serapeum, où, par parenthèse, chuchote-t-on, on a trouvé, il y a quarante-huit heures, un banc de roche que travaillent à enlever, depuis ce moment, et jour et nuit, une armée d'ouvriers. Grand désappointement; on nous promet de nous envoyer d'Ismaïla un petit vapeur le lendemain; bon nombre de passagers s'embarquent sur les navires qu'ils trouvent, et les autres sont réduits à voir le défilé des navires lorsque nous devrions presque en tenir la tête.

En même temps qu'une partie des visiteurs de l'Isthme arrivait comme nous par mer à Port-Saïd, une autre partie, débarquée à Alexandrie, venait du Caire (1).

(1) Voici, du reste, la narration d'un de ces voyageurs :

15 novembre.

Départ du Caire pour Ismaïlia, à 10 heures du matin. Les wagons sont remplis d'invités du Khédive. Que sera-ce à Zagazig, où viendront nous rejoindre les invités d'Alexandrie et de la ligne. Tout néanmoins se passe avec assez d'ordre. Après un repas confortable, nous quittons Zagazig. Abou-Ahmed, Tell-el-Kébir, Maxanah, défilent tour à tour. Charmant voyage : à droite, la dernière bande de verdure qui va s'amincissant; à gauche, la plaine blanche et çà et là ondulée du désert, au-dessus de nos tête, la lune toute ronde qui sourit dans un ciel sans nuages. Nous avons le

INAUGURATION DU CANAL DE SUEZ

Aperire terram gentibus.

Cette inauguration restera, dans les annales de l'histoire, une date mémorable. En dépit de tout ce qu'on a pu dire, cinquante à soixante navires de toutes nations ont pénétré dans le Canal, l'ont traversé, et sont venus mouiller dans les eaux de la mer Rouge. Une phrase a circulé parmi les nombreux assistants de cette inauguration ; on a demandé à M. De Lesseps, dit-on, ce que l'on ferait si le 17 il faisait

loisir de l'admirer, à Néfiche, pendant un arrêt de deux heures. La voie est engagée en avant. Enfin, nous entrons en gare d'Ismaïlia. Nous sommes au cœur de l'Isthme et du théâtre de la fête qui aura lieu demain. Les commissaires nous accueillent, nous et nos bagages, et nous conduisent sous les tentes préparées pour nous recevoir, auprès de la place Champollion, square où la fashion de la ville vient respirer l'air pur et promener ses toilettes. En descendant l'avenue plantée d'arbres qui s'étend depuis la gare jusqu'au lac Timsah, nous apercevons à gauche un immense abri pavoisé. Le spectacle vaut la peine d'être contemplé de près : là, en effet, deux tables autour desquelles six cents personnes peuvent prendre place, invitent les passants à s'asseoir. Peu manquent à l'appel, de ceux-là même, qui n'ont ni carte ni droit, et ce vaste hangar hospitalier a souvent des allures de forteresse prise d'assaut. Mais il est temps d'aller nous glisser sous les voiles discrets du campement. Tant pis pour vous, si vous ne vous êtes munis de couvertures de voyage, car l'air des nuits est glacial en ce chaud pays.

16 novembre.

Il est cinq heures et demie du matin, nous sommes à bord d'un petit vapeur de l'Azizieh. Sous la lumière déjà éclatante du soleil, le lac Timsah déroule, entre les deux rives d'Asie et d'Afrique, la tranquille majesté de ses ondes. Les passagers arrivent ; le pont de notre navire se garnit ; il souffle une fraîche brise ; une fumée, de moment en moment plus épaisse et plus noire, s'échappe de la cheminée : tout invite au départ, tout l'annonce. Ce ne sera pourtant que quatre heures après, que viendra l'ordre de larguer l'amarre. Qu'importe, au surplus, ce retard, si nous arrivons à temps pour assister à la fête de Port-Saïd, où l'on nous dit qu'est entré ce matin même, à six heures, l'*Aigle*, ayant à bord l'Impératrice.

mauvais temps, et il a répondu qu'il ferait beau. Que cette réponse ait été faite ou non, cela dépeint assez bien l'homme dont l'énergie et la constance ont accompli une des plus grandes œuvres des temps modernes, remarquable par les travaux gigantesques entrepris, en plein désert, pour abréger ces routes interminables que les nations européennes étaient obligées de s'ouvrir pour communiquer avec celles de l'extrême Orient.

16 *Novembre.*

Le 16 a été, à Port-Saïd, une journée qu'il ne reverra probablement jamais.

L'arrivée de l'Impératrice, de l'Empereur d'Autriche, de l'escadre cuirassée anglaise, la fête même de l'Impératrice, la bénédiction du Canal, tout cela a donné lieu à une succession incroyable de coups de canon. Port-Saïd est bâti sur les lagunes du lac Menzaleh. Son port est assez vaste puisque soixante navires y ont manœuvré (beaucoup de ports européens n'en ont jamais tant vu à la fois). L'entrée est formée par deux jetées construites dans le système employé pour celles de Marseille; celle de l'ouest, plus avancée en mer que celle de l'est, le protége contre l'envahissement des vases amenées par le courant du littoral Méditerranéen. Cette ville nouvelle a des rues parfaitement alignées, des bassins, des docks même, les chantiers des blocs et du canal, et un très-beau phare électrique en béton aggloméré. Une très-jolie place est ornée d'un bassin

Ismaïlia, avec ses tentes et ses drapeaux, par degrés s'efface à l'horizon. La côte d'Asie est tout près, à droite et à gauche se dresse une rangée de dragues gigantesques. Nous passons. Les courbes qui précèdent et qui suivent le seuil d'El-Guirs sont franchies avec une vélocité de bon augure. Nous voici à Kantara, puis bientôt aux lacs Menzaleh. Le canal court en ligne droite, large et plein, jusqu'à perte de vue, entre ses deux digues, qui furent jadis l'objet de tant de controverses, de tant d'inquiétudes. C'est à peine si les ondes, mises en mouvement par notre passage, vont lécher l'enrochement. Il est vrai que notre vapeur n'a que de moyennes dimensions. Mais demain, nous verrons bien.

(Journal l'*Egypte*, 23 novembre 1869).

d'eau douce amenée d'Ismaïlia par des conduites le long des berges du Canal, et qui alimentent aussi les divers chantiers.

La plage a été le lieu choisi pour la cérémonie de la bénédiction du Canal. Trois tribunes sont dressées dans l'eau entre le rivage et une langue de terre qui lui est parallèle, et sont reliées seulement entre elles par de petites chaussées de sable. La plus près de terre, la plus grande, ornée de tentures de velours rouge, abrite le Khédive, l'Impératrice, l'Empereur d'Autriche, le prince de Prusse, l'ambassadeur d'Angleterre, le prince de Hollande et le prince Murat, derrière lesquels sont placés les représentants des autres nations, les ministres et hauts fonctionnaires Egyptiens, les Consuls généraux, officiers supérieurs, amiraux, commandants, etc. Devant cette tribune se trouve les deux autres ; dans celle de gauche le chef des Ulemas, debout, récite des prières de sa religion ; dans celle de droite est un autel catholique où officie l'archevêque, Mgr Curcia, entouré de son clergé.

Après les salves d'artillerie, Mgr Bauer, aumônier de l'Impératrice, commence un discours. Sa voix vibrante et sa prononciation distincte permettent de ne rien perdre de ses paroles. Paroles éloquentes, qui redisent les difficultés et qui consacrent la gloire de l'entreprise enfin achevée, grâce à la protection éclairée et généreuse du Khédive Ismaïl Ier, grâce au bienveillant concours du Gouvernement français, ici représenté par une Souveraine Auguste, grâce à l'initiative et aux persévérants efforts de M. de Lesseps, dont l'orateur « est fier de pouvoir, en ce beau jour, jeter le nom aux échos d'un ciel immense ». L'Empereur d'Autriche est aussi remercié d'être venu apporter par sa présence un nouveau et précieux témoignage à l'œuvre d'union entre les deux mondes, entre tous les peuples. Chaque nation enfin trouve sa part d'éloges dans cette harangue sacrée (1).

Un *Te Deum* est chanté ensuite sur cette plage, il y a quelques années déserte, en face de cette mer qui unit

(1) Journal l'*Egypte* 23 novembre 1869.

là les pays les plus anciens du monde, la Grèce, la Palestine et enfin la terre d'Egypte, évoquant en ce jour les souvenirs du passé ensevelis dans ses tombeaux et ses superbes ruines.

Des salves d'artillerie ont salué chacun des souverains se rendant à son bord respectif. Quand on songe que plus de soixante navires de toutes les nations étaient rangés dans le port, on se fera peut-être une idée de tous les coups de canon qui ont été tirés ce jour-là à Port-Saïd (1).

17 *Novembre.*

Dès le matin tous les navires appareillent. Une foule d'embarcations, de canots à vapeur se remplissent d'invités, d'officiers de marine dont les navires doivent rester à Port-Saïd, ou qui sont venus la veille de l'intérieur (2). On ne voit passer qu'embarcations remplies de malles et de sacs de nuit s'apprêtant à se faire remorquer sur Ismaïlia par les autres navires.

*Il y a déjà quelque temps que l'*Aigle, *ayant à bord l'Impératrice des Français, est entré dans le Canal, suivi du yacht autrichien* Elisabeth, *avec l'Empereur d'Autriche, du yacht prussien* Hertha, *avec le Prince de Prusse et le Prince Louis de Hesse, du yacht royal hollandais, avec le Prince Henri de Hollande, et de la* Psyché, *avec M. Elliot, ambassadeur d'Angleterre, et l'amiral sir Alexander Miln, qu'escortent deux canonnières anglaises le* New-Port *et le* Rapid.

Le navire français de l'Etat, le *Forbin,* porte aussi l'émir Abd-el-Kader.

Nous voyons défiler successivemennt, suivant le numéro que le hasard leur a assigné, les grands vapeurs des diverses Compagnies de navigation, des Messageries Impériales, du Lloyd Autrichien, de la Compagnie Russe, de la Compagnie Italienne, etc., etc.; une distance de cinq cents mètres doit être observée entre

(1) Journal l'*Egypte*, 23 novembre 1869.
(2) Voir la note page 8.

ces bâtiments dont la marche a été réglée pour une traversée de huit heures.

Nous apprenons que le Latif *s'est échoué au kilomètre 14 et que l'*Aigle *a fait, vers cinq heures du soir, son entrée triomphale dans le lac* Timsah, *suivi des autres vapeurs. Au moment même où apparaissait le yacht impérial, trois bâtiments égyptiens surgissaient à l'autre extrémité du lac, venant de Suez, après une traversée d'environ six heures. Le problème était résolu, l'œuvre était accomplie. Au milieu des salves d'artillerie tirées par la* Salamandre *et par les navires égyptiens, l'Impératrice descendit à terre et se rendit au Châlet préparé pour la recevoir* (1).

18 *Novembre.*

Pendant que l'Impératrice fait une tournée au seuil d'El Guirs et dans le désert, nous nous embarquons enfin à Port-Saïd sur un petit vapeur que l'on nous envoie d'Ismaïlia.

A partir de Port-Saïd jusqu'à Kantara, le canal est tracé en ligne droite sur une longueur de 45 kilomètres. Il traverse dans cette partie le lac Menzaleh, dont la profondeur, à beaucoup d'endroits, est si faible que l'on peut, pour ainsi dire, le passer à gué. La partie située à l'Est est déjà presque à sec par l'effet seul de l'ouverture du Canal. Ici les berges sont excessivement basses et l'on a eu assez de difficulté à les rendre stables au milieu de ces bas-fonds. La berge de droite est garnie d'empierrements pour protéger la conduite d'eau douce établie sur le bord. Dans toute cette partie, comme, du reste, tout le long du canal, on a établi, sur deux rangs, de petites balises provisoires indiquant très-exactement le chenal navigable qui a 5 mètres environ de profondeur. Le Canal a, dans cette partie, une largeur de 50 mètres; mais de chaque côté de la cuvette, qui a 16 mètres de large à la surface de l'eau, il existe une section de 17 mètres environ très peu profonde. L'on conçoit aisément que la poussée naturelle des terres qui se trouvent

(1) Journal l'*Egypte*, 24 novembre 1869.

là à l'état vaseux, rétrécira cette cuvette dont il faudra conserver la largeur au moyen d'un draguage fréquemment répété.

Pendant que notre vapeur prend de l'eau à Rasel-Ech (kil. 14), nous visitons ce premier campement de la Compagnie. Nous y voyons de très-beaux effets de mirage, entre autres la flotte anglaise, ancrée devant Port-Saïd, se dessinant sur le ciel au-dessus de cette ville.

Kantara, de même que Péluze, Tanis, Ramsès et Taphnès, la ville aux lauriers roses, était une des vingt grandes villes qui se disputaient la prospérité du Delta égyptien. Sa population était alors de 5 à 600 mille habitants.

Ainsi que son nom l'indique (Kantara signifie pont en arabe), un pont avait été jeté là sur la branche pélusiaque du Nil. C'est sur ce pont que passaient les riches caravanes venant de Thèbes aux cent palais, et apportant, du fond de la Nubie, la myrrhe, l'argent, la poudre d'or et l'ivoire à cette opulente Syrie, qui, à cette époque, comptait cent villes puissantes.

C'est sur ce pont qu'ont passé bien certainement les patriarches de la Bible, lorsqu'ils allaient en Egypte ou dans la vallée de Gessen, ou qu'ils en revenaient. Ce pont, qui desservait la route d'Egypte en Syrie, aussi ancienne que l'homme sur la terre, et dans le voisinage duquel on peut voir les ruines de l'antique Selé, a été détruit pour la construction du canal.

La disparition de Kantara date de 344 ans avant notre ère, alors qu'elle subissait le joug d'Ochus, roi des Perses, qui s'empara de l'Egypte, après sa victoire sur Nectanabo et la prise de Péluse, la clef du Delta à cette époque. Sur son emplacement, un centre de population dut exister sous la domination romaine, car les travaux qui ont été exécutés pour le canal maritime, ont fait découvrir, au milieu de ses ruines, neuf lampes antiques d'origine romaine ou chrétienne, trois amphores ou lacrymatoires de la même époque (1).

Kantara est le seul campement du canal construit sur la rive asiatique ; c'est à partir de là que le canal pénètre à droite et à gauche dans le sable du désert.

(1) Itinéraire de l'Isthme, publié par *l'Illustration*.

A l'aspect du désert l'infini se révèle,
Et l'esprit, exalté devant tant de grandeur,
Comme l'aigle fixant la lumière nouvelle,
De l'infini sonde la profondeur.
Au désert, tout se tait : et pourtant, ô mystère!
Dans ce calme silencieux,
L'âme, pensive et solitaire,
Entend des sons mélodieux,
Ineffables accords de l'éternel silence!
Chaque grain de sable a sa voix ;
Dans l'éther onduleux le concert se balance ;
Je le sens, je le vois!

La nuit arrive; mais nous avons un clair de lune qui nous permet de distinguer les bords. Nous traversons les petits lacs Ballah et El-Ferdane (kil. 62) où nous trouvons un navire égyptien ensablé, et derrière lui, ne pouvant naturellement pas passer, le Delta et un autre navire. Nous arrivons aux contours si brusques qui se prolongent d'El-Ferdane jusqu'au seuil d'El-Guisr. Dans cette portion du canal, comme le creusement a été fait à sec, nous avons trouvé dans toute la largeur une profondeur assez régulière. On est, dans cette portion, entre deux collines élevées de sable, car le seuil d'El-Guisr (kil. 70), qui est le point le plus élevé de l'isthme, est à 16 mètres au-dessus du niveau de la mer. On se demande comment, dans cette région, la tourmente ne poussera pas les sables dans le canal, sur les bords duquel le remous des navires produit des espèces de puits où l'on voit, dans chacun, descendre le sable des bords. Il faut naturellement et de beaucoup ralentir la vitesse du reste peu rapide déjà des navires.

Après le seuil d'El-Guisr et à l'entrée du lac Timsah, la compagnie de l'isthme a bâti un chalet pour le vice-roi (kil. 75); de là l'œil plonge de tous côtés sur ce vaste désert. C'est en dépassant ce chalet que nous découvrons les feux d'Ismaïlia au fond du lac. Il est huit heures du soir. Le canal n'est pas tracé dans le lac Timsah (1); des balises éclairées indiquent aujourd'hui seulement la direction sur Ismaïlia.

L'aspect est vraiment féerique. La lune éclaire cette vaste nappe d'eau au milieu du désert. Les navires que nous avons vu défiler à Port-Saïd sont là, beaucoup ont leurs

(1) Appelé aussi lac des Crocodiles.

vergues tout illuminées. La ville d'Ismaïlia, que l'on a surnommé la Venise du désert, projette sur le lac une multitude de feux. Nous arrivons, et avant de débarquer, il faut s'assurer un gîte pour la nuit, ce qui n'est point commode avec l'affluence des étrangers et des invités. Pendant qu'un passager va chez le gouverneur qui lui désigne plusieurs places vacantes sur les nombreuses barques du Nil que l'on a amarrées sur le canal d'eau douce pour servir de logement aux invités du Khédive, un autre va s'assurer une des nombreuses tentes dressées près de la gare autour d'une chapelle catholique. C'est une tente du désert où six de nous prennent place. Nous en sommes réduits à y déposer nos malles, et, privés d'eau même pour notre toilette, nous nous préparons pour le bal, avec la perspective bien réelle d'avoir, en rentrant, le sable du désert pour seul lit de repos. En nous y rendant nous passons devant le campement des invités; rien n'est plus curieux que de voir ces petites tentes carrées à la porte desquelles sont posées les cartes de visite de ceux qui les occupent; on aperçoit au fond une sorte de petit boudoir improvisé où les dames en brillants costumes donnent le dernier regard à leurs toilettes et à leurs coiffures. Le désert doit être toutefois étonné de l'odeur un peu trop forte de parfumerie qui sort de toutes ces cases improvisées.

Une vingtaine de calèches, venues d'Alexandrie pour transporter au bal les nombreux invités, ne font que passer et repasser pour être à la disposition de ceux qui veulent s'y rendre.

Le palais du vice-roi a été bâti en quelques mois et fini pour la circonstance; il est si nouvellement achevé que les murs sont encore humides, même dans les salons. Il est situé à l'extrémité de la ville du côté du seuil d'El-Guisr, des hauteurs duquel des feux d'artifice sont tirés presque toute la nuit; ils projettent leurs diverses lueurs à chaque éclat sur cette immense plaine de sable. Derrière le palais est installée une vaste salle provisoire, servant de buffet à cinq cents personnes assises à la fois, et qui ouvre sur les salons. Là, pendant toute la nuit, avec une prodigalité des mille et une nuits, les vins, le champagne coulent à pleins bords, c'est une véritable razzia de rafraîchissements, dont on a du reste d'autant plus besoin que la soif et l'appétit sont violemment stimulés par la fatigue de la journée.

Les diamants et les décorations, dont les orientaux s'affublent, comme on le sait, à outrance, ne manquent naturellement pas. Deux petits boudoirs, richement assortis de tout ce qui est nécessaire à la toilette, marquent aussi le raffinement de civilisation apporté à cette fête.

L'Impératrice, l'Empereur d'Autriche et les Princes y assistent. Au moment où l'Impératrice paraît dans le vestibule, au bras du Khédive, la musique militaire exécute l'air de la Reine Hortense. L'entrée de l'Empereur d'Autriche est saluée par l'Hymne Autrichien.

Vers minuit, LL. MM. circulent dans les salons, pendant que l'orchestre de M. Rosenboom joue Partant pour la Syrie, *avec une bravoure et une maestria qui sont justement appréciées.*

L'Impératrice est rayonnante. Bien plus encore que ses diamants et sa robe de satin cerise constellée d'étoiles, sa grâce et sa beauté ont émerveillé tous les yeux (1).

La nuit s'avance, chacun retourne à son lieu de repos.

Et, du désert redevenant le maître,
Le silence éternel, que l'âme seule entend,
Sur sa couche de sable, immobile, s'étend.

19 *Novembre.*

Le programme fixe le départ des navires à midi. Mais les mesures d'ordre sont mal prises, ils arrivent tous à la fois à l'entrée du canal; il y a là un affreux pêle-mêle, les beauprés se heurtent, les vergues s'entrecroisent. Il n'y a que les 5 ou 6 premiers navires qui prennent le devant. En attendant que les plus engagés soient sortis d'embarras, les autres navires évoluent dans le lac. Le *Thabor* sur lequel je me suis embarqué passe à côté du *Forbin* et nous saluons Abd-el-Kader, qui répond. Ses cheveux ont blanchi, mais son port est toujours noble et fier; il semble ému de cette ovation à laquelle se mêle le bruit du canon; qui sait si les souvenirs d'autrefois ne lui traversent pas la pensée (2)?

(1) *Journal l'Egypte*, 24 novembre 1869.

(2) A Port-Saïd, à Ismaïlia et à Suez, on a pu voir l'illustre invité du Khédive et de l'Impératrice, suivant d'un œil attentif les spectacles variés qui se dérou-

Le *Péluse*, qui porte l'administration de la compagnie de l'Isthme, s'échoue à l'entrée; on appelle à son secours le *Thabor* qui, au moyen d'une amarre, le remet dans le chenal. A quatre heures nouvel échouement de ce navire, son peu de chargement et ses formes élevées le font constamment dériver de l'avant ou de l'arrière, le *Thabor* essaie de le sortir de ces échouages multipliés; mais ces efforts sont infructueux, bon nombre de cordages cassent et, comme la nuit s'avance, et qu'il y a quand même souper à bord du *Péluse*, (ce qui prouve qu'on s'en occupe peu), notre commandant demande à ce navire s'il peut continuer sa route; sur une réponse affirmative, le *Thabor* fait machine en avant, nous glissons le long du *Péluse* et nous le devançons à la grande joie de tous nos passagers; mais ces efforts ont faussé notre gouvernail qui ne répond plus au commandement; force est de passer la nuit en avant du seuil de Serapeum pour le réparer.

Du lac Timsah au Serapeum (kil. 90), le canal mesure une longueur de 10 kilomètres, et a été ouvert dans les sables jusqu'à Toussoum (1).

Du Serapeum jusqu'au lacs Amers la tranchée a été pratiquée dans le rocher. A droite du canal et se dirigeant vers l'ouest, se trouve la vallée biblique de Gessen dont parle la Genèse (2).

De Toussoum (kil 85) au Sérapeum existent, parallèlement au canal, des traces du canal des Pharaons.

Non loin de Toussoum est le tombeau du cheick Ennedeck,

laient devant lui. Nous-même, sur le pont du *Forbin* où d'o[illegible] [illegible]geants compagnons nous avaient donné accès, nous avons pu contempl[illegible] de près le vieil émir. C'était à Port-Saïd ; la nuit, depuis longtemps venue, s'éclarait, à tout instant, des brusques lumières des fusées d'artifices. Abdel-Kader, doux et pensif, regardait s'allumer à fleur d'eau, jaillir dans l'air, et monter, monter encore, puis éclater en gerbes, retomber et s'éteindre, ces symboles de sa destinée. (*Journal l'Egypte*, 25 novembre 1869.)

(1) Cette partie comme toutes celles ouvertes dans les sables méritera un entretien presque continuel.

(2) Mais la famine étant survenue dans le pays, Abraham descendit en Egypte pour s'y retirer.....

(Chap. 12, verset 10).

Et tu habiteras dans la contrée de Goscen, et tu seras près de moi, toi et tes enfants ....

(Chap. 45, verset 10).

ancien chef de la tribu des Annedi, mort en odeur de sainteté musulmane.

La tradition arabe d'Ennedeck raconte encore que, non loin de son tombeau, se trouve l'emplacement où était bâti le temple de Baal Tiphon. C'est sous les murs de ce temple, disent les arabes, que Moïse fit défiler le peuple d'Israël lorsqu'il sortit d'Egypte pour se rendre en Chanaan (1).

Le nom de Serapeum vient des ruines d'un monument égyptien de ce nom, en granit et en grès, qui se trouve dans les environs. Le seuil de Serapeum, comme celui de Toussoum est un des points les plus élevés de l'Isthme.

20 *Novembre.*

A cinq kilomètres de Serapeum se trouvent les lacs Amers. Le grand a une longueur de 25 kilomètres environ: le petit de 12. La ligne du Canal les traverse; ils sont balisés; deux phares en indiquent l'entrée et la sortie. Le bassin naturel qu'on appelle les lacs Amers est une énorme dépression de terrain; ils étaient, il n'y a pas plus d'une année, à sec. Une forte couche de sel marin, dont la moyenne en épaisseur avait trois mètres, de plus de trois lieues de long sur deux de large, en occupait le fond. Des masses de coquillages y indiquaient la présence autrefois des eaux de la mer; cette région communiquait alors avec la Mer Rouge. Cette couche de sel a promptement disparu par le remplissage de ce vaste bassin. L'introduction des eaux de la Méditerranée a été l'objet d'une cérémonie présidée par le Pacha d'Egypte, le 18 mars de cette année. Cette opération a duré moins de temps qu'on ne l'avait d'abord supposé.

Depuis le remplissage, la forêt d'El-Amback est sous l'eau.

Voici ce qu'en dit l'itinéraire pittoresque de l'isthme :

« Les branches maîtresses des arbres sont noyées dans la Méditerranée. On n'aperçoit plus aujourd'hui que des cimes folles de leurs chevelures se balançant au-dessus de la sur-

(1) Voir la Bible, le *Livre des Nombres*, et notamment chap. 33, verset 3.

face liquide du lac et émiettant leurs petites grappes de fleurs roses sur les vagues irisées.

« Malgré cet amoindrissement, la forêt d'El-Ambach est d'un grand effet le soir. Lorsque le soleil, qui s'est levé dans une éruption, se couche dans un incendie, et qu'il embrasse de ses rayons fauves les noirs silhouettes de ces tamaris échevelés et fantastiques, on croirait voir sortir des eaux la forêt de Merlin l'enchanteur. On se prend à écouter pour savoir si quelque plainte ne sortira pas de ce mélancolique frémissement dont la brise du soir, précurseur du crépuscule, agite mollement ces longues branches pleureuses.

« Mais on est bientôt tiré de sa rêverie. Tous les échassiers et tous les palmipèdes qui, depuis l'inondation de la forêt, ont fait de ce lieu leur quartier général : les grues, les cigognes, les ibis, les chevaliers, les avocettes, les kamichi, les flamants, les oies, les canards, les pélicans, toute cette gente emplumée siffle, crie, glousse, croasse et piaille à vous déchirer les oreilles. C'est leur manière, à ces oiseaux-là, de souhaiter le bonsoir à l'osiris égyptien, cet astre de feu qui, en guise de vêtement de nuit, s'enveloppe d'un manteau de pourpre. »

Le petit détroit qui réunit les deux lacs a été creusé; il est à peu de distance du Ghebel Géneffé, montagne aride et accidentée qui contient de riches carrières de pierres, et qui court, à l'Ouest, le long du petit bassin des lacs Amers.

C'est dans ces lacs que l'*Aigle*, les navires qui nous précèdent, ainsi que les yachts, ont passé la nuit, une nuit charmante à ce qu'il paraît.

Au sortir de ces lacs, le Canal rejoint, après 18 kilomètres, les lagunes de Suez. Cette partie, vers le milieu de laquelle se trouve le plateau de Chalouf, a été toute creusée à sec en partie dans le roc par 6,000 ouvriers et au moyen de 22 plans inclinés par lesquels les déblais ont été emportés sur les hauteurs. Aussi le canal y a-t-il une profondeur régulière dans toute sa largeur. Du côté de Suez le rocher disparaît et l'on retrouve les sables. Les belles dragues qui ont fonctionné pour le creusement du Canal sont groupées aujourd'hui dans les lagunes; nous les admirons en passant (1).

(1) Voici ce qu'en dit M. de Lesseps dans un rapport aux actionnaires :

Nous sommes en vue de Suez. A gauche, le désert s'étend jusqu'à une chaine de montagnes où se trouve la fontaine de Moïse; à droite, à quelque distance, les dernières assises du Ghebel-Géneffé et le versant du Ghebel-Attaka au pied duquel on aperçoit Suez et la mer Rouge. Ici, le canal s'éloigne de Suez, par un assez fort contour, passe à l'est des lagunes et aboutit à la mer au milieu de jetées, à cinq kilomètres plus bas que la ville, à l'entrée de la rade. A son extrémité et à la laisse de la basse mer, on a construit des bassins de radoub et divers établissements nouveaux reliés par un chemin de fer à Suez qui, lui, est à la limite de la haute mer.

Peu avant la sortie du canal on a élevé, à droite, un socle; M. de Lesseps compte y mettre la statue du lieutenant Waggorn (1) qui, en 1830, nivela l'isthme, démontra le niveau des deux mers et fit tant d'efforts pour déterminer les Anglais à prendre cette route abrégée des Indes.

A la sortie même du canal, nous assistons à une querelle d'ouvriers sur le bord, est-ce un spectacle qu'ils veulent nous donner? Tant est qu'ils commencent par se lancer du sable, puis des pierres, et, au moment où nous les dépassons, les pelles et les pioches résonnaient sur leurs épaules et sur leurs têtes.

« Figurez-vous une fois et demi la longueur de la colonne Vendôme, coupée par le milieu, appliquée au haut de la drague par un bout, déversant de l'autre, au loin, les produits du draguage, et formant au milieu du Canal comme un pont volant. Les dragues, pourvues de cet appareil et construites de manière à l'utiliser ne déversent pas les déblais, comme le font les dragues ordinaires, dans des bateaux qui viennent les accoster. Elles amènent d'un seul jet les déblais directement sur les berges, et cela à des distances de 60 à 70 mètres. Le travail d'une drague à long couloir a donné un déblai de 1,800 mètres cubes en dix heures. »

(1) J'aurais voulu voir en face de cette statue celle de P. Enfantin, en souvenir de la part qu'il a prise dans les études premières du canal et « des douzes tombes, dit-il dans une lettre à Lamartine restée célèbre, que j'ai creusées en Egypte à de chers amis venus avec moi pour étudier et préparer la grande œuvre industrielle et politique de ce siècle, la jonction des deux mers, et qui n'ont trouvé, pour récompense de leur dévouement, que la misère, la peste et la mort. »

Nota. — Une note publiée depuis par ses amis a indiqué les motifs qui avaient empêché les Saint-Simoniens de figurer à l'inauguration du canal.

A deux heures, nous sommes en rade, le *Thabor* y est arrivé l'un des premiers, puisqu'il avait devancé le ***Péluse*** qui avait le premier rang après les navires des souverains. M. de Lesseps vient à bord; chacun de le féliciter : lui est fier de la réussite de son œuvre. Des salves d'artillerie saluent la sortie du canal et sa consécration officielle et définitive. Peu après l'Impératrice va à bord de l'*Ougly*, navire des Messageries qui vient de Chine. La soirée est consacrée à la descente à terre, ce qui n'est pas facile, puisqu'on en est éloigné de six kilomètres; chacun visite la ville de Suez, ville sale et qui n'offre aucune curiosité à l'étranger. On ne peut en admirer que la position au pied de la montagne, au bord du désert et de la mer Rouge (1).

Pendant que l'on voit les autres navires au loin, de distance en distance dans le désert immobiles (la marée descendante les a surpris, ils sont échoués et ils sont forcés de rester là jusqu'à demain (2), la nuit arrive, des fusées, des feux d'artifices partent des divers points de la rade, puis chacun rejoint sa cabine pour la dernière fois.

---

21 Novembre.

Nous nous embarquons de bon matin pour rejoindre à Suez le chemin de fer du Caire, nous trouvons heureusement un canot à vapeur qui nous remorque jusqu'à la gare, dans le vieux Suez. Elle est située au bord du quai. Il y a un tel encombrement que les waggons sont pris d'assaut, du reste personne ne paie, tout est aux frais du khédive; heureux khédive qui, enivré de l'enthousiasme qu'il voit autour de lui, ne compte plus; le quart-d'heure de Rabelais viendra plus tard. On prend place tant bien que mal dans des waggons de troisième classe, car ceux de première ou de seconde sont déjà envahis. On met les malles là où on

(1) Sa couleur bleue paraît beaucoup plus foncée que celle de la Méditerranée. On aperçoit au loin le sommet du mont Sinaï.

(2) L'action du flux et du reflux est assez fortement marquée pour agir sur le tirant d'eau du canal jusqu'au lac Timsah.

peut dans les fourgons. On achète à la hâte, pour manger le long de la route, tout ce que vous présentent les marchands; le pain, le vin sont enlevés.

Le train se met en marche. L'ancien chemin de fer du Caire à Suez passait entre le Ghebel-Attaka et le Ghebel-Géneffé, allant de l'est à l'ouest; il traversait un désert et était parallèle à la route que suivent les pèlerins de la Mecque entre ces deux villes. Le train portait avec lui l'eau nécessaire à la machine, c'était un trajet très-pénible.

Aujourd'hui, le chemin de fer nouveau longe le canal jusqu'à Ismaïlia, en montant vers le nord; de là il se dirige sur Zagazig en traversant la terre de Gessen et l'El-Ouady. De Zagazig il se bifurque au nord sur Alexandrie, au sud sur le Caire. A la troisième station nous descendons pour voir les anciens vestiges du canal des Pharaons, on dirait encore un canal fait d'hier, et de l'autre côté de la voie nous allons ramasser du sel qui couvre cette plaine de sable.

Nous voyons pour la dernière fois les lacs Amers, nous arrivons à Bir-Abou-Ballah, d'où un court embranchement relie Ismaïlia à la ligne de Suez à Zagazig. Le chemin traverse de là la terre de Gessen qui, avec l'El Ouady, forme cette bande de terres cultivées qui relie de l'est à l'ouest, à travers le désert, le lac Timsah au delta du Nil. Ramsès II, dit le Grand, qui dota l'Egypte de tant de canaux, en construisit un qui allait du Nil au lac des Crocodiles, et que des rois postérieurs continuèrent jusqu'à la mer Rouge; ce sont probablement les traces de ce prolongement de canal que nous avons mentionné au sud de Toussoum. Aux extrémités de ce canal il fonda deux villes (1), savoir : Pithous, à l'ouest, et Ramsès (2) à l'est.

Le domaine d'El Ouady a été acheté par la Commpagnie du Canal; il a 32 kilomètres de long sur 3 ou 4 de large, 9,000 hectares de terres, dont 7,000 cultivables. Plantations de coton; belle végétation vivifiée par le Canal d'eau

(1) Il est fait mention de ces deux villes dans l'Ancien Testament, parce qu'à cette occasion Ramsès imposa aux Israélites le travail des corvées.

(2) Ramsès était située un peu à l'ouest de Bir-Abou-Ballah; elle est appelée Héroopolis dans la Bible. Il existe encore à cet endroit quelques traces de l'ancien canal.

douce qui traverse cette région et qui a amené au Canal maritime, à Ismaïlia et à Suez, l'eau du Nil. Là est le château de Tel-el-Kébir construit par Mehemet-Ali. A la place du château, une légende arabe place une tour carrée.

L'an 40 ou 50 de l'Hégire, une belle Circassienne était l'orgueil et la joie d'un des membres les plus influents de la famille des Omniades, le prince Moaviah. Le kalif Hassan régnait alors en Egypte; il ne craignit pas de violer le harem d'un rival si redoutable et d'enlever la belle Circassienne, qui, fidèle au prince qu'elle aimait elle-même passionnément, repoussa fièrement toutes les offres du kalif et fut ensevelie vivante dans la vieille tour de l'Ouady, dont toutes les fenêtres et les portes furent murées. Six mois après cet attentat, le kalif Hassan ne règnait plus et il était renfermé lui-même, par son implacable successeur, le prince Moaviah, dans la grande tour, avec le cadavre de sa malheureuve victime. On ajoute que, pendant 9 ans, il y subit de lentes et cruelles tortures et que, lorsqu'il ne fut plus qu'un squelette vivant, son corps décapité apparut tout à coup sur le sommet de la tour, et resta fixé sur un pieu, jusqu'à ce qu'il tombât en poussière.

Arrivée à Zagazig. Bifurcation. Grand encombrement : il faut changer de train; on cherche ses bagages, on ne les trouve pas. Dans le wagon où nous sommes, et qui est à un seul compartiment, vingt personnes au moins sont debout. Il en est de même dans tous. Nous voyons Bulbeis, des fours pour l'éclosion des poulets (il y en a dans tous les villages); c'est une industrie particulière à l'Egypte, et dont les procédés se voient sur les monuments des temps pharaoniques. Nous passons près des ruines d'Héliopolis: au loin, dans le soleil couchant, la masse gigantesque des pyramides qui semblent n'être qu'à quelques pas. Nous arrivons au Caire. Il nous faut attendre nos bagages que nous finissons par trouver dans un des nombreux trains qui nous suivent.

Nous partons de la gare montés sur des ânes, et, à travers la ville illuminée de toutes parts, nous cherchons un gite que nous trouvons enfin, le premier lit depuis notre départ de France. Il y a ce soir bal en l'honneur de l'empereur d'Autriche au palais de Kars-El-Nil. Il est situé au bord du Nil, à une demie heure du centre de la ville. Nous nous y rendons à âne; rien n'est plus curieux que de voir, ainsi montés, des hommes à cravates blanches ou en uniformes, des dames qui n'ont pu trouver de voitures. La façade du palais et sa cour intérieure produisent un fort bel effet.

Beau bal, buffet largement pourvu, ce qui, pour des voyageurs, est toujours fort agréable.

22 novembre.

LES PYRAMIDES

Aujourd'hui visite des Pyramides. Le trajet peut se faire en deux heures environ. En attendant mon conducteur et son âne, je vois passer des voyageurs qui s'y rendent. La caravane se compose du père, de la mère et de ses enfants; le père, assez corpulent, ouvre la marche, mais, au tournant de la rue, le premier butte, le second en fait autant, le troisième, puis le quatrième, et la famille par terre maugrée, tempête contre l'arabe qui l'accompagne et renonce à sa pérégrination.

Je monte sur mon coursier, décidé à ne pas m'en laisser faire autant, car, à chaque étranger, les arabes renouvellent cette plaisanterie. Le meilleur moyen de l'éviter est de les menacer du bâton.

Nous traversons l'Esbekieh, les rues et de magnifiques avenues d'acacias-leba, où l'on trotte dans un sable fin. Après avoir traversé le vieux Caire, il faut franchir le fleuve au sud de l'île Roudah, dont la pointe est terminée par le Nilomètre, pour rejoindre Gizeh sur la rive en face : on le traverse sur une barque, où les ânes prennent place à côté de vous tandis qu'un vigoureux nautonier cherche à la diriger dans le courant, pour, avec l'aide d'une voile très primitive, gagner la rive opposée. Quel magnifique spectacle que cette traversée! Que de pensées diverses viennent vous y assaillir! Ce n'est pas un de ces fleuves où l'on cherche comme chez nous pour ainsi dire l'eau, c'est un fleuve superbe qui coule à pleins bords; son eau, dont la couleur grisâtre provient de ce limon fertilisant, devenu historique, contraste avec le bleu du ciel. Les premiers rayons du soleil sont renvoyés par le Mokattam qui le cache, au plus haut point du ciel d'où ils inondent l'étendue. Un calme profond, le calme de l'Orient, préside à cette scène. Les couleurs si tranchées des maisons et si vives des divers costumes que l'on aperçoit, cette riche végétation font passer dans l'imagination du spectateur mille rêves délicieux; puis, ces flots bourbeux viennent de loin; on en ignore la source, ils ont passé dans les contrées sauvages, peut-être dans les plus luxuriantes qui puissent se voir, ils ont mugi aux cataractes, ils ont caressé les rives de Philoé, et ils vont porter leurs eaux dans la Méditerrannée en rappelant au souvenir de ceux qui les voient toute une légion de siècles. Les Pyramides sont là derrière une touffe d'arbres qui les cache. Nous abordons à Gizeh et nous remontons à cheval pour traverser ce village. On longe quelques flaques d'eau, restes des crues du Nil et enfin, après avoir traversé tantôt une touffe de palmiers, tantôt des terres arables, on aperçoit les Pyramides qui dessinent à l'horizon leurs gigantesques pylones, tandis que derrière soi, au loin dans les sables, se montrent celles de Sakarah, dont l'une, par sa forme conique et rayée, semble un tertre sur ce vaste désert.

> Trois monts bâtis par l'homme au loin perçaient les cieux
> D'un triple angle de marbre, et dérobaient aux yeux
> Leurs bases de cendres inondées ;
> Et de leur faite aigu jusqu'aux sables dorés,
> Allaient s'élargissant leurs monstrueux degrés,
> Faits pour des pas de six coudées.

Nous rejoignons, au bout d'une demi-heure environ, une magnifique route bordée d'acacias-leba dans toute sa longueur; elle va du fleuve aux Pyramides.

Quel a été mon étonnement, je dirai aussi ma désillusion; on croit que l'on va cheminer dans le désert ayant toujours pour objectif devant soi la masse imposante des pyramides; point du tout : vous êtes condamné à trotter pendant près de dix kilomètres sur une route civilisée. L'aspect des pyramides est si curieux que, quoique vous vous rapprochiez, vous n'avez toujours devant vous que les mêmes petits cônes, tant l'horizon est immense. Cette route a été faite il y a fort peu de temps; du reste, les arbres sont tous jeunes et elle a été terminée, me dit mon conducteur, pour l'inauguration du canal de Suez. Elle est en élévation de la vallée, car on ne touche le sable qu'au pied même des pyramides; elle forme une digue pour retenir dans la partie supérieure du pays la crue du fleuve. Lorsque cette crue baisse ou quelle devient trop forte on pratique le long de cette route des coupures pour laisser écouler l'eau dans la partie inférieure; ces coupures sont visibles, la route s'affaisse çà et là pendant quelque pas. Je suis ce long chemin; mon petit âne va toujours d'un pas alerte et au trot, suivi de mon cicérone qui, les pieds nus et chargé de mes bagages, trotte ainsi depuis deux heures environ sans être plus las, me parlant presque toujours, soit par signes, soit dans son idiome, sans discontinuer d'exciter par ses cris sa bête et de la réveiller par des coups de bâton. Ainsi que je le disais tout à l'heure, les pyramides, et spécialement la grande pyramide, qui est la plus rapprochée, ne présente sa gigantesque masse que quand l'on est à un quart d'heure environ d'elle; alors se dresse devant vous le désert semblable à la moraine d'un glacier, de beaucoup plus élevé que la plaine que vous venez de parcourir. C'est trop facile de gravir cette surélévation aujourd'hui; la route grimpe le long des sables, elle est même bordée de deux murs présentant des escaliers et sur lesquels on est venu poser des fleurs et plantes en vase de toute espèce. Les Egyptiens ont cru embellir ainsi la route à l'européenne, eux qui voyent sans cesse ces beaux spectacles, et ils ne se doutent probablement pas de l'impression que ressent le voyageur de cette espèce de décoration du plus mauvais goût qui vous produit une si amère déception. En avant de la grande pyramide et au bord de la moraine se dresse le chalet du vice-roi, qui, s'il offre quelque avantage à son propriétaire, vient encore gâter le splendide spectacle de ces restes des temps pharaoniques. Au pied de la pyramide sont accroupis les fameux preneurs de bachich (1), les guides, les ânes; Chateaubriand, qui ne put les aborder à cause de la crue du fleuve, dit que, placées à l'entrée de la vallée du Nil, les

(1) On appelle ainsi vulgairement les arabes qui vous guident dans l'ascension, à cause de leur opiniâtreté à demander un bachich (monnaie du pays) pour leur peine.

Pyramides ressemblent aux portes funèbres de l'Egypte, ou plutôt à quelque monument triomphal élevé à la mort pour ses victoires: *Pharaon est là avec tout son peuple, et ses sépulcres sont autour de lui* (1).

Le temps a détruit l'uniformité des marches, et le revêtement, à première vue, tient plus de la montagne qu'il n'a l'air d'une production architecturale. Vous voudriez examiner tout à votre aise l'ensemble de ces monuments du passé (2); mais cela est matériellement impossible, les preneurs de bachichs viennent à vous et vous forcent de les escalader.

Chacune des marches de la pyramide a une hauteur de 1 mètre 50 environ, sur un mètre et moins de large. Mais ces assises sont par l'effet du temps et en masse d'endroits fort irrégulières, de sorte qu'il faut y chercher son chemin comme le sentier d'une montagne, et, comme les touristes le savent, le plus difficile n'est pas de monter, c'est de savoir retrouver ensuite le chemin pour la descente.

Pour faire escalader ces assises, voici comme procèdent vos guides : deux montent au devant sur l'assise supérieure et, au moment où ils vous tirent par les bras, les deux autres vigoureux gaillards, vous prenant par le bas des jambes, vous hissent à la hauteur de l'assise, de sorte qu'en un espace de temps fort minime vous vous trouveriez au haut de la pyramide si cet exercice ne vous ôtait pas facilement la respiration; il faut donc s'arrêter, et un petit arabe vous offre à boire, c'est alors seulement que vous pouvez contempler le spectacle qui est sous vos yeux, malheureusement les solliciteurs de bachichs sont là, on leur dit qu'ils auront leur bachich au retour, mais ce n'est pas leur affaire; ils

(1) Chateaubriand : *les Martyrs.*

(2) J'avoue pourtant qu'au premier aspect des pyramides, dit Chateaubriand, dans l'itinéraire de Paris à Jérusalem, je n'ai senti que de l'admiration. Je sais que la philosophie peut gémir ou sourire en songeant que le plus grand monument sorti de la main des hommes est un tombeau; mais pourquoi ne voir dans la pyramide de Chéops qu'un amas de pierre et un squelette? Ce n'est point par le sentiment de son néant que l'homme a élevé un tel sépulcre, c'est par l'instinct de son immortalité; ce sépulcre n'est point la borne qui annonce la fin d'une carrière d'un jour, c'est la borne qui marque l'entrée d'une vie sans terme; c'est une espèce de porte éternelle, bâtie sur les confins de l'éternité.

font comprendre que le chef les verrait et viendrait leur réclamer ce qu'ils ont reçu; assertion très-fausse, leur unique but est de profiter de votre désir de voir pour demander et obtenir le plus possible. Mais je dois dire que j'ai été très-sobre dans mes dons, ce qui ne les a point empêchés d'être fort prévenants.

Par une porte pratiquée sur le côté nord, à peu près à 30 mètres du sol, on pénètre dans la salle intérieure par un long couloir fort bas. Ce couloir est formé de pentes et de contre-pentes que M. Etienne Rey explique par l'obligation de maintenir l'entrée à même hauteur au fur et à mesure du revêtement. En voyant la pierre colossale qui surmonte cette porte (comme celles, du reste, qui forment les assises), et si l'escalade vous avait fait oublier le monument par lui-même, on est forcé de réfléchir au travail prodigieux qu'à nécessité une pareille construction.

L'aspect du désert, vu des Pyramides, n'est pas ce qu'on se l'imagine généralement; la vue est en beaucoup d'endroits bornée, car le désert est fort mouvementé, surtout dans la partie ouest : vous ne voyez que monticules arrondis, vallonnements se succédant sans cesse.

A vos pieds, en avant des deux pyramides, se dresse, au milieu des sables, le Sphinx :

> Un Sphinx de granit rose, un dieu de marbre vert,
> Les gardaient, sans qu'il fût vent de flamme au désert
> Qui leur fit baisser la paupière.

Son nom était Hor-hem-Khu; les sables n'en laissent voir avec la tête (qui mesure 9 mètres du menton au sommet), que le dos et une partie de la poitrine.

La seconde des pyramides (1) a encore à son sommet le revêtement en ciment quelles avaient sans doute toutes; aussi son ascension, sans être complètement impossible, est fort

(1) Les pyramides de Gizeh sont comme on le sait au nombre de trois, la grande est la pyramide de Cheops, la seconde celle de Chephrem : la troisième qui est beaucoup plus petite que les autres est celle de Menkera. Cette dernière n'a que 67 mètres de hauteur tandis que celle de Cheops a près de 150 mètres; elle rivalise de hauteur avec la flèche de la cathédrale de Strasbourg. La base de la grande pyramide mesure 240 mètres environ sur chaque face, soit un kilomètre presque de tour.

périlleuse; le chef arabe, chargé de la garde de ces monuments et qui est responsable de sa personne des accidents qui peuvent arriver, ne laisse du reste personne s'y aventurer.

A peu de distance de lui se trouve le temple d'Armachis récemment découvert par M. Mariette, un des plus anciens du monde.

De la terrasse du chalet du vice-roi la vue est superbe; à vos pieds la vallée du Nil, au loin le Caire et sa citadelle, à droite le désert et les oasis de Sakarah, au loin Héliopolis, lieu témoin de cette grande bataille au temps où le général Bonaparte montrait aussi à ses soldats les pyramides, fier d'avoir pour témoin de ses victoires les glorieux vestiges de la puissance Egyptienne.

22 Novembre, soir.

Le reste de la journée est consacrée à visiter le Caire pendant que la plus grande partie des étrangers et de la population assiste aux courses aux chevaux. En arabe cette ville s'appelle Masr el Kahirah (la capitale victorieuse). Le nom de Masr est un terme générique, dit M. Louis Reybaud, qui a servi de tout temps à qualifier les capitales Egyptiennes. Elle se déroule au pied du Ghebel Mokattam sur la rive droite du Nil à 1 kilomètre environ de celui-ci. Sur les derniers contreforts de cette montagne est assise la citadelle avec la mosquée de Mehemet-Ali. Cette ville a un port sur le Nil, Boulaq, et un faubourg, le vieux Caire, que nous avons traversé pour aller aux pyramides. Le quartier franc s'appelle El Mouski et la promenade qui le précède est l'Esbekieh, c'est une vaste place ombragée d'accacias-leba et bordée d'hotels, de cafés qui, le soir comme le jour, en font le quartier le plus gai et le rendez-vous des européens. On ne peut se faire une idée du charme tout oriental du Caire qui contient 100 mille habitants; « il faut le visiter, l'habiter, s'égarer dans ses ruelles, passer des heures dans ses bazars, dans ses mosquées, éviter les guides, et se laisser aller où vous conduit le spectacle si nouveau, si vivant, si caractérisé de cette ville de l'Orient. Si les mille et une nuit n'existaient pas, le Caire les aurait fait naître. » Les voyageurs s'accordent à placer aujourd'hui le Caire au-dessus de Damas, et cependant cette dernière a depuis longtemps la réputation d'être la plus pittoresque ville du monde. On foule dans les rues le sable du désert. Aussi une température chaude y règne-t-elle, l'atmosphère tiède du Midi; à neuf heures du soir nous avons encore 30 degrés malgré la fraicheur relative des nuits.

Je monte à la citadelle et à la mosquée de Mehemet Ali qui la domine. Cette mosquée est construite sur le modèle de celle de Constantinople; elle est d'une richesse prodigieuse, tout en marbre superbe venu de la Syrie, et renferme le magnifique tombeau de Mehemet Ali. Elle est précédée d'une cour orientale également en marbre et sa coupole a des proportions colossales. Ses deux minarets se dressent dans le ciel; on ne sait vraiment pas comment ils peuvent se tenir debout, ils semblent des mâts de navires par leur extrême légèreté.

C'est dans la grande cour de la citadelle qu'a eu lieu le massacre des Mamelouks, qui eut tant de retentissement dans l'histoire, et par lequel Mehemet Ali, pour arriver à affermir son pouvoir, écrasa cette formidable corporation militaire qui avait si longtemps opprimé le pays.

Vu des hauteurs de la citadelle, le panorama de la ville est splendide : cette grande ville à vos pieds, cette quantité prodigieuse de mosquées, de minarets, s'étendant fort au loin dans la plaine, le Nil, le désert et, à l'horizon même, les Pyramides masquant le globe du soleil qui se couche derrière elles. On comprend à voir cette magnifique scène, l'attitude contemplative des orientaux, car ce spectacle vous attire et rien ne vient vous en détacher.

En descendant de cette citadelle, qui a près de trois kilomètres de circonférence, on passe près du puits de Joseph, qui sert à l'approvisionner d'eau (1).

Je reviens par le quartier indigène; des chemins tortueux et solitaires, qui contrastent encore davantage avec les illuminations de l'Esbekieh que je retrouve et qui se prolongent bien avant dans la nuit.

(1) Taillé dans le roc vif, sa profondeur est de 83 mètres et sa circonférence de 20. Des bœufs établis en dehors et dans un plan intérieur élèvent les eaux au moyen d'une double roue à pots.

23 novembre.

Départ pour Alexandrie en chemin de fer. Nous traversons le Delta. Beaux ponts à Bena et à Zaiad. Nous retrouvons la riche végétation du Delta. Arrivée à Alexandrie.

Cette ville a été, comme on le sait, bâtie par Alexandre-le-Grand et, après sa mort, échut aux Ptolémées qui y établirent leur résidence et en firent la plus magnifique ville de l'antiquité, avec Rome et Antioche, et aussi le centre de l'érudition et de la civilisation grecque dans ce temps-là. Elle était, dans l'origine, située dans les terrains plats et bas qui séparent le lac Maréotis de la Méditerranée, à quelque distance de Canope. En avant, dans la Méditerranée, se trouvait l'île de Pharos, à l'extrémité de laquelle était le fameux phare d'Alexandrie, aujourd'hui complétement disparu.

Sa population était alors de 500,000 âmes environ. Les nombreuses péripéties de son histoire et enfin la domination des Mamelouks achevèrent pour ainsi dire de l'anéantir, et c'est ainsi qu'Alexandrie arriva à ne posséder en 1778 que 5,000 habitants. La conquête de l'Egypte, par les Français, la fit sortir de ses ruines et sous la domination de Mehemet-Ali, qui y habitait une partie de l'année, elle se releva tellement qu'elle est aujourd'hui une des places les plus importantes de la Méditerranée et a près de 400,000 habitants. Devenue le grand point de transit de l'Europe et des Indes, elle est à la veille sans doute de le perdre par suite de l'ouverture de l'isthme de Suez.

L'emplacement qu'elle occupe aujourd'hui n'est point exactement celui d'autrefois, et c'est un vrai travail que de chercher à retrouver dans la ville actuelle les traces de l'ancienne. On voit bien encore au fond de l'eau, car la mer a rongé les rivages, les ruines immenses et informes du palais des Ptolémées, de l'Arsinœum, du Théâtre et de la fameuse bibliothèque. Les ports ne sont plus les mêmes.

Cette ville est aujourd'hui un vaste caravansérail, une agglomération de quartiers, européen, juif, arabe, etc., et, à part la place des Consuls, et une partie du quartier européen, son intérieur ne présente qu'un aspect fort laid, des rues sales et étroites; c'est une ville de commerce sans le moindre agrément pour l'étranger.

24 Novembre.

La *Guienne*, des Messageries, qui déjà hier devait retourner en France, retarde son départ : les voyageurs n'arrivent pas; beaucoup même, dit-on, sont partis pour la Haute-Egypte. Vu l'obélisque de Cléopâtre (1), c'est un monolithe en granit rose de vingt mètres de haut; il est aujourd'hui au milieu d'un chantier de pierres, il en existe à côté un autre semblable; ce dernier, en ruine, est aujourd'hui abattu et recouvert même de terre. On les désigne l'un et l'autre sous le nom d'Aiguilles de Cléopâtre. De là à la colonne de Pompée, magnifique monolithe en granit rose et d'ordre corinthien; elle est située de l'autre côté de la ville et devait jadis en orner un des monuments. Le soir, on joue l'*Africaine* au théâtre Zizinia. Ce théâtre, bâti par le riche négociant de ce nom, à l'est de la ville et presque dans la campagne, est beau et spacieux.

25 Novembre.

Les voyageurs n'arrivent pas. Le départ est encore retardé. Si au moins nous étions au Caire, nous pourrions passer le temps plus agréablement qu'ici dans cette ville où la poussière et les moustiques abondent. La seule distraction que l'on peut prendre, c'est de se promener en voiture le long du canal Mamhoudied qui rejoint le Nil; la promenade n'est pas belle, mais on voit les jardins de la ville, on respire un peu mieux. L'empereur d'Autriche est arrivé, et ce soir il y a bal au cercle international.

26 Novembre.

Enfin le départ de la *Guienne* aura lieu demain. Préparatifs de départ : visite aux nombreux bazars des divers

(1) Il a été, dit-on, apporté de Thèbes à Alexandrie sous les derniers Ptolémées.

quartiers, on y trouve force objets de tout genre et de toute provenance. Ceux d'Abyssinie ou de Nubie sont à examiner plus spécialement.

27 Novembre.

Départ. La *Guienne* est un magnifique navire à aubes. C'est un des quatre du premier type que les Messageries Impériales ont mis sur la ligne du Brésil. C'est sur la *Guienne* qu'a eu lieu, à Bordeaux, le banquet d'inauguration de cette ligne. Ce navire a de fort grandes dimensions.

A peu de distance du port on n'aperçoit plus rien tant la rive est basse.

28 Novembre.

Temps couvert. Forte mer, il pleut.

29 Novembre.

. . . .

30 Novembre.

La mer est toujours fortement agitée.

1er Décembre.

Vu le cap Spartivento. Nous voyons devant nous l'Etna dont on ne peut cesser d'admirer de loin la forme colossale et la belle position au milieu des flots. Arrivée à Messine. Relâche de quelques heures et descente à terre. L'impératrice y est restée trois jours; son yacht, qui a été fortement secoué dans la traversée, a pu rejoindre ce port pour y attendre la fin de la tempête. Elle en a profité pour visiter les environs, et elle vient de repartir. Le soir nous passons le Stromboli qui fume toujours, nous apercevons même en nous éloignant le pâle éclat de son feu.

2 Décembre.

Très-forte mer.

3 Décembre.

Passé les Bouches de Bonifacio. Elles se présentent à nous comme une énorme barre à franchir. Nous trouvons de l'autre côté le mauvais temps du golfe de Lion. Le navire, malgré ses grandes dimensions, danse comme un canot; il dirige vers Ajaccio; on voit fort distinctement sa baie et les hautes et pittoresques montagnes de la Corse. Dans le cas où la mer deviendrait trop mauvaise, nous irions nous réfugier vers la rivière de Gênes.

4 Décembre.

Le vent est tombé, mais le ciel se ressent encore des mauvais temps des jours précédents. Nous approchons de Marseille.

Tout ce que nous voyons, brumeux ou transparent,
Flottant dans les clartés, dans les ombres errant,
Fuyant, debout, penché, fourmillant, solitaire,
Vignes, rochers, gazons, — regarde, c'est la terre !

Lyon. — Imp. Storck, rue de l'Hôtel-de-Ville, 78.

www.ingramcontent.com/pod-product-compliance
Ingram Content Group UK Ltd.
Pitfield, Milton Keynes, MK11 3LW, UK
UKHW020222200726
13856UKWH00004B/1558